CABEÇAS DA PERIFERIA:
RENE SILVA
ATIVISMO DIGITAL E AÇÃO COMUNITÁRIA

CB070876

CABEÇAS DA PERIFERIA:
RENE SILVA
ATIVISMO DIGITAL E AÇÃO COMUNITÁRIA

Marcus Faustini
(org.)

Comentadores
Paulo Sampaio
Fred Coelho
Isabel Diegues

Cobogó

MAPAS MENTAIS QUE LEVAM NOSSAS CABEÇAS ALÉM

Marcus Faustini

Como podemos conhecer uma cidade? Os modos de pensar, sentir e fazer de artistas e ativistas das favelas e periferias do Rio de Janeiro nos conduzem por caminhos que emitem um calor e uma claridade extraordinários. Nos fornecem um mapa mental acolhedor, tenso, ruidoso, envolvente, revelador, que reinventa limites, atravessa fronteiras, abrindo brechas para novos olhares que não escondem desigualdades, mas também engendram formas potentes de viver e criar. Nosso objetivo com a coleção Cabeças da Periferia é oferecer ao leitor uma escuta inédita de personagens emblemáticos daquilo que ficou conhecido como "cultura de periferia". Desde os anos 1990 a cidade do Rio é um dos laboratórios mais intensos desse universo, com várias gerações seguidas aumentando o alcance desta cena que mistura arte e ativismo, construção de redes e ação no território, estratégias de sobrevivência e de empreender coletivamente. É um fenômeno que dialoga com os grandes desafios urbanos, sociais, culturais e artísticos do mundo contemporâneo.

O futuro das cidades, como lugar de bem-estar para todos, depende de termos cada vez mais pessoas que possuam laços profundos com o espaço público. É na interação entre cidade, corpo e palavra que os agentes da cultura de periferia estão, e experimentam o digital e o virtual como extensão de suas potências. Passear pela cabeça desses artistas e ativistas pode ser uma bússola generosa para apreender sensivelmente o aqui e agora. Nossa coleção também é um gesto político de respeito ao pensamento desses criadores. Raramente a cultura de periferia é escutada como formuladora de ideias e conceitos. Muitas vezes o interesse, baseado numa ideia enviesada de inclusão, é apenas pela sua história de vida, de superação — deixando invisível a diversidade dos modos de pensar, criar e agir desses agentes. A convite da Cobogó, imaginei junto, curei e organizei a coleção. São entrevistas respeitosas, e também críticas, leves, mas intensas. Em cada livro conversamos com artistas e ativistas de periferia sobre suas visões de arte e de cidade. As respostas têm humor, sinceridade, teoria, esperteza e a fina delicadeza de flagrar um novo pensamento sobre si e seus fazimentos. A cada livro, convidamos também pesquisadores vinculados ao universo dos entrevistados para alargar a discussão e ampliar entendimentos. Realizamos essa jornada de forma on-line durante a pandemia do coronavírus. Este é, também, um registro de como, neste período, as mais diversas plataformas foram usadas para manter a chama do encontro e da imaginação acesas. É com muita alegria que ofertamos esses mapas mentais que nos levam além.

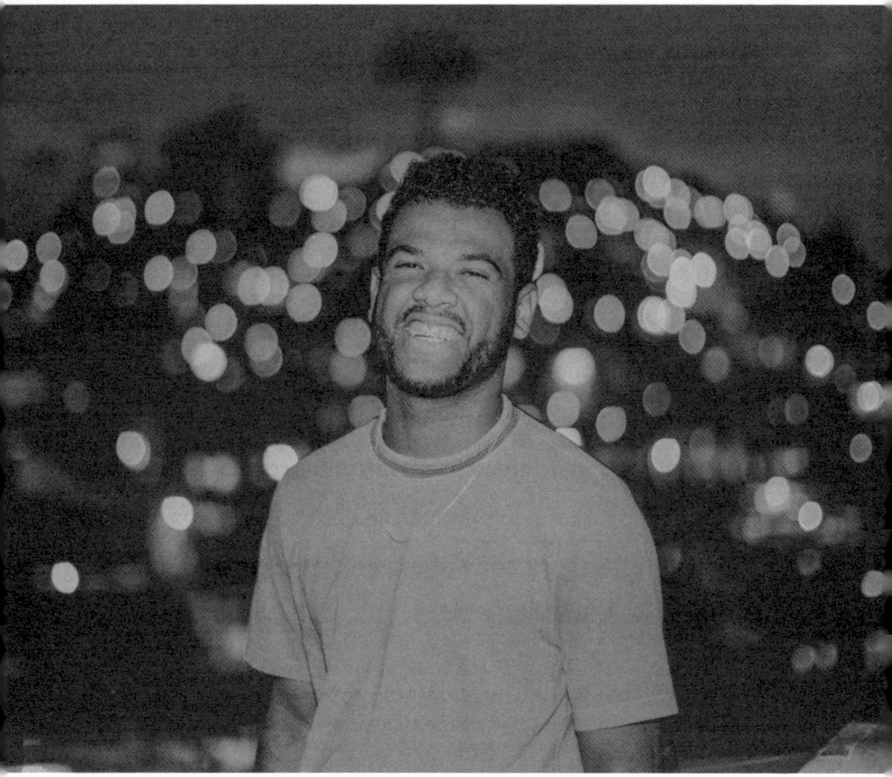

RENE SILVA

Em meio a imensa mobilização para comunicar a situação, atender às demandas e minimizar os efeitos da pandemia de covid-19 no Complexo do Alemão, Rene Silva nos recebeu para uma conversa por vídeo — já que estamos todos em quarentena —, para falar de seu trabalho como comunicador, de ativismo, mobilização comunitária e dos efeitos do projeto *Voz das Comunidades* no Complexo do Alemão, além de sua multiplicação nas periferias da cidade e do país. O escritor Marcus Faustini, organizador desta coleção, conduziu a entrevista, que teve a participação, como comentadores, do historiador e professor Fred Coelho e do jornalista Paulo Sampaio, além das editoras Isabel Diegues e Aïcha Barat.

A comunidade no centro de tudo

MARCUS FAUSTINI: Este é pra ser um retrato dos pensamentos de Rene Silva acerca de cidade, juventude, favela, ação social. Ou poderíamos chamar também de "dissecando a cabeça de Rene Silva".

Rene, você começou a trabalhar com comunicação em favela desde muito cedo. Quando você vai contar sua história pra alguém, como é que você se narra? Porque você é ativista, você é comunicador. Você é gestor de um projeto social. Você é empreendedor também. Você é uma figura digital, você é uma voz digital poderosa. E, ao mesmo tempo, você é o Rene, um jovem que vem crescendo e se desenvolvendo, se tornando um homem adulto importante pra cena do Rio de Janeiro. Como é que você se narraria hoje?

RENE SILVA: Olha, essa é uma pergunta muito difícil. Esses dias eu tava fazendo uma reflexão exatamente sobre isso. Porque as pessoas perguntam: "O que é o *Voz das*

Comunidades?"¹ A gente tem várias frentes. Temos uma frente poderosíssima de comunicação comunitária — que é nossa origem, como a gente surgiu e começou tudo. E, logo lá no início, a gente também começou a fazer as ações sociais e culturais. O *Voz*, como eu sempre falo, tem vários braços. E eu, enquanto representante do *Voz das Comunidades*, me vejo como uma pessoa que tem várias ações, várias atitudes. A gente tem desde ajuda humanitária até comunicação comunitária. E veja que tem sempre a palavra comunitária, porque tudo é pensando na comunidade. Pensando em como a gente pode agir pro bem comum, junto com a comunidade, com as pessoas que moram aqui. Sabendo a necessidade das pessoas que moram aqui e que convivem dentro desses territórios, a gente consegue de alguma forma contribuir, não só com comunicação, mas também com o social e com a ajuda comunitária que é necessária não só em momentos de pandemia, não só em momentos de covid-19, mas em muitos outros momentos. A gente vive e sobrevive em meio a esse caos que são as favelas. E, ao mesmo tempo, esse é um espaço muito potente, um espaço muito caótico e potente. A gente sobrevive em meio a guerras de polícia e tráfico, a gente sobrevive em meio à falta de água, falta de saneamento básico, enfim, falta de tudo um pouco dentro da favela. E a gente sobrevive aqui dentro.

MF: Então você se narra como "Rene, — o Comunitário"? Se você tivesse que se narrar no Twitter agora, qual seria a sequência de *tuítes*, Rene?

RS: Seria esse mesmo: "Rene, — o Comunitário", porque eu tô sempre pensando na comunidade como um todo. Independente de ser na forma de comunicação, de ajuda humanitária, de serviços sociais, ou culturais. Aqui a gente vive várias necessidades. Sempre vi que as pessoas não tinham acesso a alguma coisa... ao circo, por exemplo. Aí eu falei: "Precisamos fazer alguma coisa." Entrei em contato com o Cirque du Soleil e levamos mais de mil moradores do Complexo do Alemão para assistir ao Cirque du Soleil, um espetáculo que é caríssimo, que custa mais de quatrocentos reais cada ingresso. Eu tô sempre pensando:

"A que outras pessoas têm acesso que a gente, aqui na comunidade, não tem? E por quê?" Eu sempre faço essa reflexão. Hoje se eu fizesse um *thread*, uma sequência lá no Twitter me narrando, seria: "Rene, o Comunitário, tá pensando em comunicação, tá pensando no social, tá pensando na ajuda humanitária, cultural, em educação e em todas as inúmeras frentes que têm a ver com a comunidade.

Atuação comunitária

MF: Você pratica um ativismo relacionado a temas estruturais da realidade brasileira, como racismo, desigualdade, e até necessidades imediatas das pessoas, como falta de água, luz etc. Você tem um ativismo funcional em pontos nevrálgicos da desigualdade brasileira. Mas tem também uma ação territorial muito cuidadosa. Eu brinco que, por você ter distribuído ovo de Páscoa por tanto tempo, de alguma maneira, nesse momento de covid, sabe exatamente quem precisa de quentinha, quem precisa de cesta básica e quem precisa de apoio pra pequenos negócios da favela. De tanto distribuir coisas no Complexo do Alemão, você mapeou a área e hoje tem uma inteligência. Mas eu já vi críticas dizendo que o seu trabalho é ingênuo, que não é político. Eu digo: "Como? Como é ingênuo alguém que usou ovo de Páscoa pra mapear toda a comunidade?" Não é nada ingênuo. É poderoso e chega onde muita gente não chega. Eu queria que você descrevesse como funciona essa tua escolha entre os temas políticos e a ação comunitária. Como você mistura isso tudo no dia a dia da sua organização, do seu projeto? Como fazer ao mesmo tempo eventos dentro das favelas e as lutas com as quais você bate de frente? Como você estrutura a tua ação?

RS: Já vi muitos documentários, muitos filmes, muitas histórias em relação a como o trabalho em comunidade, o trabalho em coletivo, funciona muito bem. Então, eu comecei a pensar várias maneiras de a gente ter o poder nas nossas mãos. Não é o Rene que tá lá publicando no Twitter. Não é o *Voz* que tá publicando. É a comunidade. A comunidade em si tem um poder muito grande nas mãos, que ela tem que reivindicar. Saber os nossos direitos, o que a gente tem que fazer, a quem a gente deve cobrar, *como* a gente deve cobrar. Quando mandam mensagem pro *Voz das Comunidades*, nós não somos responsáveis, por exemplo, por cuidar da questão da água dentro da comunidade. "Ah, tá faltando água na minha rua." Não é o *Voz das Comunidades* que cuida da falta de água dentro da comunidade, mas a gente direciona os moradores. Muitos deles não sabem o que fazer, então recorrem à gente. Somos um canal de comunicação interno e externo ao mesmo tempo. Muita gente nos procura em braços internos, muita gente nos procura em braços externos. Por exemplo: "Como eu faço pra tirar o documento x-y-z?", "Como eu faço pra dar visibilidade a um projeto social, cultural, que tem aqui dentro sem contar com a grande mídia?" Eu percebo que o comportamento da comunidade é cada vez mais ativo a partir do momento em que a gente pensa a comunidade como um todo do qual todo mundo pode fazer parte.

O *Voz das Comunidades* tem uma equipe fixa, mas todo mundo da comunidade se sente pertencente ao *Voz das Comunidades*. As pessoas fazem vídeos e mandam pra gente: "Olha só, *Voz das Comunidades*, esse esgoto aberto aqui na minha rua. Olha só, *Voz das Comunidades*..." As pessoas gravam com a câmera dos seus celulares e mandam. As pessoas se sentem cada vez mais pertencentes e participativas. Aqui a gente fala: "Gente, nós estamos aqui fazendo uma ponte, nós não somos a pessoa, mas quem tá sofrendo com o tal problema é você, somos nós, é a própria comunidade, então vamos nos unir e vamos reivindicar melhorias." E a gente sempre se coloca num papel, que é muito interessante e curioso, de estar próximo do morador. A gente coloca o morador como protagonista. Muito diferente do que a grande mídia sempre faz, de narrar, de contar história. A narrativa da grande mídia é a partir da assessoria de imprensa da Polícia Militar, do governo, da Secretaria de Educação, da secretaria disso... E a gente não. A gente constrói uma narrativa a partir da fala do morador, a partir da participação daquela pessoa da comunidade. Então a pessoa se sente protagonista daquele projeto, sente que faz parte daquilo.

Hoje mesmo eu tava andando aqui na comunidade pra entregar essas cestas e vi duas pessoas com a camisa do *Voz*, de eventos. Uma era do Carnaval e a outra era do Arraiá. Não tem Arraiá da Paz desde 2015, faz cinco anos que não tem Arraiá. E hoje eu vi uma pessoa da comunidade com a camisa do Arraiá. Todos se sentem muito pertencentes a uma coisa que é da comunidade — e de fato é. Eu sempre deixei isso muito claro pra todo mundo: "Gente, vocês fazem parte, vocês são a 'voz da comunidade', vocês é que vão monitorar o grupo." Por exemplo, temos doze grupos de WhatsApp. Cada grupo tem 256 moradores. E em todos esses grupos — todos os doze grupos — os monitores são os próprios moradores, eles são responsáveis por monitorar o seu grupo. Não pode xingamento, não pode vídeo pornográfico, não pode cenas obscenas, enfim, todas essas regras que a gente tem nos grupos. E não é nossa equipe de jornalismo que tá olhando, a gente colocou moradores pra serem administradores dos grupos. Eles mesmos monitoram, eles mesmos removem outros moradores que não estão se comportando como deveriam. A gente cria um espírito comunitário que é: "Pra dar certo o que a fulana tá fazendo, eu tenho que fazer certo também. Pra dar certo o que eu tô fazendo, a fulana também tem que fazer certo." Então, um cobra do outro e todo mundo se cobra junto.

ISABEL DIEGUES: O seu projeto começou pequeno, naturalmente, e foi crescendo e agregando mais gente. Suponho que algumas das pessoas que participaram dos muitos projetos do *Voz das Comunidades* tenham também partido pra fazer seus próprios projetos. E você acaba, de certa forma, fazendo esse papel de mediador. Existe uma rede sendo criada a partir do seu projeto. O *Voz das Comunidades* tem muitos papéis: tem o papel de ser intermediário entre instituições públicas e a comunidade, tem a distribuição da cesta, a distribuição dos ovos de chocolate, que são uma coisa simbólica. Você tem o papel de comunicar pra fora da favela o que acontece lá dentro. Além de mediador eu te vejo como multiplicador, e os projetos, a partir disso, vão se desdobrar. Mas qual o papel central do *Voz das Comunidades*?

RS: O papel principal do *Voz* é cobrar das autoridades, cobrar do poder público sobre as questões e problemas sociais que a gente vive. Esse é o papel principal. Foi assim quando o *Voz das Comunidades* surgiu e é pra onde eu quero caminhar sempre. Quando a gente faz uma atividade com pessoas que querem montar um *Voz das Comunidades* numa outra favela, pessoas que querem ser representantes, a gente fala o *Voz das Comunidades* é isso. Somos um veículo de comunicação comunitária que busca reivindicar melhorias para dentro da comunidade. Esse é nosso foco principal. Nosso maior objetivo é trazer melhorias pra dentro das favelas, onde a gente exerce um papel de conectar. Conectar a favela com o asfalto, a favela com o governo, ser essa ponte.

Hoje a gente tem o papel importantíssimo de comunicar pra sociedade como um todo. Por exemplo, o Twitter do *Voz das Comunidades* tem quatrocentos mil seguidores. Se você for ver o público do *Voz* no Twitter não é de moradores de favela. Podemos dizer que 80% desses seguidores são pessoas que nunca foram em uma favela. E no nosso Facebook 80% são pessoas que moram em favela. A gente tem públicos diferentes em cada rede social. Inúmeras vezes eu faço uma enquete no Twitter e no Facebook: "Por que nos seguem?" As respostas são diferentes. Quando eu pergunto no Twitter, as pessoas querem saber o que que tá acontecendo na favela, se é verdade o que a Globo fala, a Record, o SBT, o que a grande mídia fala e a quem a mídia tá falando sobre a favela. As pessoas querem saber se é verdade. Quando sai uma matéria no *Jornal Nacional* — o telejornal de maior audiência — muita gente vai no meu Twitter, vai no Twitter do *Voz das Comunidades* perguntar: "É verdade isso que falaram do Complexo do Alemão ou da tal favela?" As pessoas vêm conferir, vem checar. A gente hoje tem uma credibilidade — 15 anos depois do surgimento do *Voz das Comunidades* —, que a gente construiu, e tem uma relação positiva com a grande mídia. Teve uma mudança na grande mídia depois do surgimento das mídias comunitárias como um todo, e não só o do *Voz*. A mídia comunitária teve um comportamento diferente da grande mídia, de tentar pelo menos ouvir, saber, buscar.

O primeiro veículo de mídia comunitário que teve crédito no *Jornal Nacional*, no *Fantástico*, no *RJ TV*, foi o *Voz*. A gente já fazia conteúdo e não era creditado, até que chegou um certo momento que eu disse: "Não dá mais, tem que creditar." E aí começaram a nos dar os devidos créditos. Porque é o mínimo, são imagens nossas, materiais produzidos por nós. Quando a gente fala de comunicação comunitária e dos caminhos que a gente quer seguir, pra onde a gente quer ir e como a gente quer ir, isso passa muito pela nossa história, pelo nosso trajeto, pelo nosso caminho. Nesses 15 anos a gente já ajudou a resolver inúmeros problemas sociais dentro da comunidade cobrando o poder público, cobrando melhorias. A gente tem um papel fundamental quando se fala de comunidade. E "Voz das comunidades" é um nome muito forte, as pessoas querem estar, querem participar, querem tá junto, querem vestir a camisa, literalmente, pra gente isso é muito importante. E nosso foco maior é, desde sempre, a comunicação comunitária. Apesar de termos projetos de acesso à cultura, à educação, a outras áreas. O braço forte, como dissemos, é a comunicação comunitária.

Sujeitos potentes

ID: Queria ouvir você falando um pouco da questão da mediação. Porque inevitavelmente, como qualquer veículo de comunicação — seja ela comunitária ou não —, vocês são mediadores de conflitos, de informações, de demandas. Queria te ouvir sobre ser mediador e também formador de pessoas que podem vir a mediar, ou que podem convocar ou resolver suas próprias demandas. Sobre essa horizontalização que as redes ajudam a ter e mesmo esse trabalho de dentro pra fora que vocês fazem dentro da favela, eu queria pensar um pouco esse lugar do mediador e do formador de independência. Quando você falou há pouco de um número X de grupos de WhatsApp, onde cada um tem 256 membros e cada um tem seus mediadores, você tá falando de ter criado a possibilidade de independência de demanda, de reivindicação, digamos assim. Eu queria entender como você pensa isto: mediação e formação de autonomia.

RS: A gente passa a mensagem, pra comunidade como um todo, de que a gente é potente. Que a gente pode fazer, pode reivindicar, pode cobrar. A gente se coloca — e coloca o morador — num papel de liderança. Não existe *uma* liderança comunitária, todo mundo pode ser a liderança comunitária e pode falar, lutar pelos seus direitos. A partir do momento em que a gente fala pro morador que ele pode gravar um vídeo mostrando um problema social, mandar pra gente que a gente vai publicar, esse morador passa a ser ele próprio o repórter. Ele conta, a partir da própria autonomia, a gente cria essa autonomia. Isso faz uma diferença muito grande. Eu vejo que a gente consegue incentivar essa autonomia pro morador de favela como um todo, a partir do momento que a gente conta a história dele no jornal. A partir do momento que a gente coloca um artista daqui pra se apresentar dentro do nosso evento em que no mesmo palco vai se apresentar, em 10 minutos, a Preta Gil, o Arlindo Cruz e outros artistas renomados de vários eixos da música. Quando a gente faz isso, é dar acesso. A gente muda toda a história da comunidade a partir do momento que a gente faz as pessoas terem acesso e acreditarem em si próprias, de que é possível, sim, conseguir. É possível fazer alguma coisa a partir do seu interesse. "Vambora, vamo lutar pelo sonho, e a gente ajuda e participa também desse sonho."

A dança da desigualdade no Rio de Janeiro

MF: Impressionante isso, Rene. Eu acho a experiência coletiva do que você criou muito consistente, é algo que renova um ativismo cívico-comunitário. A gente precisa muito desse ativismo comunitário no Brasil. É interessante essa renovação e essa invenção do ativismo vir de um morador de favela. Isso renova o sentido do ativismo comunitário. Acho muito consistente e muito poderoso. Te vejo como uma pessoa mais do que potente, você transformou a potência em poder. Você tem capacidades de circulação, de discurso, por várias razões. Você já tem história pra contar, tem realizações. Você é um ator importante. Então, a minha terceira pergunta — porque eu só faço perguntas pra pessoas poderosas —, quero ouvir de você: "O que é o Rio de Janeiro na visão de Rene Silva?" Inclusive o olhar a partir do Complexo do Alemão, de toda a sua experiência. Porque você é um carioca, um novo tipo de carioca, que conecta fronteiras, que tá dentro da favela, que inventa uma maneira da favela não estar desconectada do mundo global, que faz ação, que tem o comunitário, que tem o digital, que tem o presencial, que é pobre, que é alegre, você traz um monte de coisa. A partir disso tudo, como é que você narra o Rio de Janeiro pra alguém? Como fazer entender o que é o Rio de Janeiro hoje? Eu sempre fiquei curioso de saber a sua explicação sobre o Rio de Janeiro, Rene.

RS: Essa é uma pergunta inédita. Quando eu olho pro Rio de Janeiro, eu vejo suas complexidades. Por eu viajar muito dentro do Brasil e até pra outros lugares do mundo, sei que todo mundo vê o Rio de Janeiro como uma grande referência. Todo mundo vê o Rio de Janeiro como um lugar de oportunidades. Todo mundo tem algumas ideias sobre o Rio de Janeiro. Eu vejo o Rio de Janeiro como uma das cidades em que você mais consegue perceber a desigualdade social. Eu vejo assim, a desigualdade social aqui é muito mais escancarada em todos os sentidos. Tem gente vivendo ali na favela da Rocinha na mesma altura dos prédios de São Conrado. Você tá ali, as pessoas tão no mesmo andar, só que um tá na favela da Rocinha e o outro tá no seu prédio. Muitas pessoas vivendo, teoricamente, nos mesmos andares, mas na vida social é muito complexo, porque você tem uma enorme desigualdade. Sua empregada trabalha e vive ali na favela da Rocinha, talvez ela more no mesmo andar que você e você mora num prédio em São Conrado, em outra situação. A gente consegue enxergar isso fácil. E mesmo tendo essa desigualdade tão escancarada a gente não tem investimento na potência. O que é potência? A potência é a juventude, a potência é... Qual a área que tem o maior eleitorado do Rio de Janeiro? É a Zona Oeste. Por que não tem investimento na Zona Oeste? Por que não tem um teatro incrível? Tem as lonas culturais. Mas por que não tem o que existe de grande na Zona Sul? Temos vários teatros, várias casas de show no eixo Centro-Zona Sul, mas por que não tem em outras partes da cidade? O Rio de Janeiro é um retrato do nosso país, um retrato do Brasil, da desigualdade social brasileira.

No Rio de Janeiro, você consegue ter uma noção clara do que é o Brasil. O Brasil é isso aqui, é o Rio de Janeiro. Gente de tudo quanto é lugar do país. Você tem aqui a principal emissora de TV do país, que nasceu aqui no Rio de Janeiro, uma emissora carioca narrando e mostrando as mazelas, mostrando os problemas sociais que nós temos na cidade. E mesmo assim, com tantos empresários que moram aqui — trabalham em São Paulo durante a semana, mas moram no Rio de Janeiro no final de semana —, vêm pra curtir a cidade no final de semana, não veem o Rio como um lugar de investimento, um lugar de potência, um lugar de formação. Um lugar que, mundialmente falando, poderia ser uma grande potência, se tivéssemos investimentos em outras áreas como se teve, por exemplo, o investimento em UPP.

Quando você fala em UPP no Rio de Janeiro, a grande mídia criou uma narrativa muito grande, de que essa seria a solução pras favelas do Rio de Janeiro. Não só a grande mídia criou isso, muitos deputados — inclusive de esquerda — também acreditavam que aquilo era uma solução. Só que na teoria, na prática, nada foi cobrado. Qual é a proporção que se investe em polícia e qual a proporção que se investe em cultura? E em educação e saúde? Não é a mesma proporção. E por que isso não foi cobrado? Essa desigualdade social, que a gente vê no Rio de Janeiro, ela é o reflexo do Brasil. Ela mostra o retrato do Brasil. Os principais nomes políticos não estão nem em São Paulo. Os principais nomes políticos estão no Rio de Janeiro. Os principais nomes políticos da direita e da esquerda.

MF: O presidente é do Rio de Janeiro e o presidente da Câmara é do Rio.[2]

RS: Exatamente. Tem senadores, você tem uma galera que é do Rio de Janeiro no cenário principal do país. E você começa a entender uma coisa: o Rio de Janeiro define muita coisa. Define eleições, define isso, define aquilo, define muitas coisas. A gente sabe da nossa potência. Todo mundo ama sotaque carioca, todo mundo ama o jeito carioca. Mas cadê? Cadê o investimento aqui, pra essas potências que existem nesses lugares? São milhões de pessoas hoje morando em favelas no Rio de Janeiro, e cadê?

Tem muitas favelas que eu mesmo não conheço, obviamente. As favelas ali da Zona Oeste; quando você passa pela Avenida Brasil, você vê inúmeras favelas em que eu nunca entrei, que eu nunca ouvi falar. A gente sabe que no Rio de Janeiro tem mais de mil favelas. Mas quando você pensa no Rio de Janeiro é uma complexidade muito grande, e todo mundo sabe da desigualdade. Não adianta você falar "Ah, não sabia que tinha gente pobre no Rio de Janeiro, não sabia que tinha desigualdade social". Não. As pessoas que moram aqui no Rio de Janeiro sabem, sejam elas pessoas da elite, sejam elas pessoas ultramegarricas. Pessoas da política sabem que hoje no Complexo do Alemão, por exemplo, tem gente que carrega água pra casa porque não tem água encanada. Tem gente até hoje que não tem saneamento básico. E a coleta seletiva? Vamos falar de coleta seletiva nas favelas. Passaram-se décadas. Quase um século de existência das favelas e não se tem uma solução razoável sobre a coleta de lixo. Lixo é um problema em todas as favelas do Rio de Janeiro. Qual favela do Rio de Janeiro que não tem problema com lixo? Qual favela do Rio de Janeiro não tem problema com deslizamento e saneamento básico? Como é que pode a gente ter esses milhões, esses bilhões... Como pode sermos um país super-rico e ainda vivermos essa desigualdade social? Não se tem acesso ao mínimo. Muita gente não tem acesso à comida, à água, ao saneamento básico. Muita gente não tem acesso, não tem direito de viver. Como quando você é baleado dentro da sua própria casa. Somos assassinados de várias formas. Eu costumo falar isso. Que a gente não é só assassinado quando a polícia entra aqui e faz uma troca de tiros com traficante, com bandidos. A gente é assassinado quando não tem atendimento na saúde, quando não tem uma educação de qualidade. A gente é assassinado de várias maneiras. É isso.

ID: Essas coisas todas existem na maior parte dos municípios brasileiros, sejam eles cidades maiores ou menores. Nos grandes centros essa discrepância, a desigualdade, é mais radical que em municípios menores, que são, em geral, mais pobres como um todo. Mas qual é a diferença no Rio pro que acontece nas outras capitais e grandes cidades do Brasil? Porque somos todos cariocas aqui, então sabemos exatamente do que você tá falando. Você diz que todo mundo sabe que é assim e não se faz nada. Mas em outras cidades também não acontece o mesmo? Qual seria a diferença entre o Rio de Janeiro e essas outras cidades? O que que é singular no Rio de Janeiro?

RS: Aqui no Rio de Janeiro a gente tem uma juventude muito ativa e criativa. Muita gente gosta no Brasil da ideia de *gambiarra*. E o Rio é o reino das gambiarras. Agimos e solucionamos as coisas na base do improviso, de forma alternativa, nos adequando às possibilidades disponíveis, e a gente é bem-sucedido nesse jogo de cintura. Outro aspecto importante é o fato do Rio de Janeiro ser uma espécie de cartão-postal do país. Isso fica muito fortalecido por essa imagem criada pela TV Globo, em relação às novelas, em que o cenário é sempre o Rio de Janeiro. Então, as pessoas têm o desejo de vir pra cá, por causa das novelas e dos filmes que são gravados aqui. As pessoas têm vontade de vir pra cá, mas tem muita gente, pelo Brasil todo, que não sabe o que é o Rio de Janeiro. Tanto que muita gente vê o Rio como um lugar de grandes oportunidades, vem pra cá e acaba se frustrando porque não é bem o que imaginam. A gente tem uma desigualdade social muito grande, e a diferença é que aqui é tudo muito mais perto, mais na cara.

Em outras cidades, eu vejo que existe o bairro pobre e existe o bairro rico. Aqui a gente tem vários bairros, onde tem ao mesmo tempo a pobreza e a riqueza num mesmo lugar. Você tem São Conrado, você tem Botafogo, você tem o Catete. Você tem uma área muito elitizada e, ao mesmo tempo, cercada de favela. São várias favelas. No Maracanã você vê uma desigualdade social muito grande. Muita gente que mora na Mangueira nunca sequer deve ter pisado no Maracanã, essa desigualdade é muito visível. A gente, que é pobre, consegue ver muito mais quem tem, mesmo a gente não tendo nada. A riqueza e a pobreza são muito mais escancaradas aqui. A praia é o espaço mais democrático que a gente tem, porque é um espaço que todo mundo vai. Ao mesmo tempo, é um espaço de muito preconceito. Você sabe quando uma pessoa veio da favela e sabe quando uma pessoa ali é rica. As pessoas têm um *pré*-conceito mesmo estando na praia, que, ainda assim, é o lugar mais democrático que pode existir. Onde todo mundo pode entrar. É de graça. É ali onde você tem o rico, o pobre, o turista, ou quem for. Tá todo mundo no mesmo patamar na areia da praia, tomando banho na mesma água. A praia é o espaço mais democrático que eu consigo enxergar, e o Rio de Janeiro é o lugar onde a gente mais consegue visualizar a desigualdade, porque da janela de muitas casas da Zona Sul, você consegue enxergar as favelas. Você consegue ver a Rocinha, o Vidigal, a Babilônia, o Chapéu Mangueira, o Santa Marta, enfim, várias favelas. Então, a elite e as pessoas que vivem em alta pobreza ou em miséria estão muito mais perto umas das outras e ainda assim nada é feito. Quando você vai pra São Paulo, quando vai pra outros territórios, você vê os bairros nobres onde não tem favela e você vê os bairros mais pobres. Aqui no Rio, não. A gente tem uma proximidade enorme dos bairros pobres e dos bairros nobres.

MF: É a dança da desigualdade no Rio de Janeiro. Quando você anda no Rio, você se afasta e se aproxima da desigualdade o tempo todo.

Celeiro de talentos

MF: Paulinho, como você vê a chegada de uma figura como o Rene, que instaura um novo lugar da comunicação das favelas? Você é um repórter importante na narrativa sobre o Rio. O jornalismo sempre teve uma relação com a favela, uma construção de olhar pra favela. Ora como algo de uma certa pureza, como uma potência detentora de uma pureza popular, ora como o lugar do crime. O jornalismo sempre esteve na construção do imaginário da favela. O que uma figura como o Rene, que passa a ser um comunicador de dentro pra dentro, de dentro pra fora, de dentro pro mundo, trouxe de questões para o jornalismo que cobre o Rio?

PAULO SAMPAIO: É muito claro pra mim que o Rene, nesse contexto, trouxe a possibilidade de viver mais a fundo essa realidade. Eu vou trazer pro meu relacionamento pessoal com o Rene. A gente se conheceu três anos atrás, fazendo o documentário *Complexo*,[3] e aquele momento foi um divisor de águas na maneira com que eu, o Paulo jornalista, passei a enxergar as comunidades. Até então, o que eu conhecia de comunidades, eu conhecia pela televisão. E, naquele momento, o Rene me trouxe um conhecimento de comunidade, uma vivência, um entrar naquilo. Ao longo de um mês a gente captou as cenas na comunidade, as falas das pessoas na comunidade, algo diferente. E daquele trabalho pra cá, o que o Rene trouxe mais, falando de questões aqui pro Rio. Foi uma rede de vozes e de conhecimento que mudou o jeito do jornalismo mostrar a coisa. Antes ficava, como o próprio Rene disse aqui, muito mais em cima do que as agências e as autoridades oficiais falavam. E, por razões óbvias, todos nós sabemos como é cobrir o Rio de Janeiro, subir o morro, o que significa isso para um jornalista, e as consequências disso. A gente viu inúmeras vezes como aconteceu, com o Tim Lopes, por exemplo, e com tudo o mais que aconteceu.

O Rene trouxe o que ele mesmo disse, a comunidade percebeu que tem o poder e o poder de ter o lugar de fala para confrontar a fala da polícia, por exemplo, no mesmo peso. Estamos falando de mostrar que um protesto aconteceu, mas a polícia disse que foi de "outro jeito". Agora não. A gente passou a mostrar os dois lados. Agora, a população, a comunidade, tem o mesmo peso que tem uma autoridade da PM. Os dois têm autoridade pra falar. E a comunidade também é ouvida, também consegue meios. E isso pra mim é tão valioso, é tão diferente, e foi porque o Rene trouxe isso pra gente. Ou melhor, o Rene trouxe *muito* disso pra gente. E como o Rene mesmo faz questão de dizer, não foi só ele. A rede inteira de comunidades da qual ele faz parte, com a qual ele foi colocando a gente em contato, a qual foi crescendo e vem crescendo sempre mais. Então a gente vai conhecendo as pessoas por dentro, ouvindo de outra maneira, e não só superficialmente, no microfone do asfalto. A gente consegue ouvir de dentro da comunidade o que a comunidade tem a dizer.

Isso é simbólico e relevante na minha opinião. Pra você ter uma ideia, a gente gravou com o Rene aquele documentário, e, pra fazer algumas imagens desse documentário, eu fui acompanhar o jornal *Voz das Comunidades* sendo rodado dentro da gráfica do jornal *O Globo* — que trazia na época a manchete do que eles estavam fazendo de fenomenal, que era levar um fone pra rua com o barulho dos tiros. E as pessoas todas identificavam aquilo como um tiroteio no Oriente Médio, numa guerra, e aquilo era ali, nessa paisagem que, como o Rene e vocês todos lembraram aqui agora, tá sempre misturado, o pobre, o rico, todos misturados. Aquilo tudo acontece aqui, você olha pro horizonte, lá está a favela. E a gente não tinha ideia, muitas pessoas não tinham ideia de que aquilo acontecia aqui do lado. Ver aquele jornal feito pela comunidade, criado para dar orientações dentro de uma comunidade, ser rodado dentro da gráfica de uma grande emissora de TV e jornal, junto com o mesmo material que uma emissora de TV, dá a dimensão do quanto o *Voz* atingiu por conta do Rene. E por conta da ideia, como ele disse ali no comentário, de dizer pras pessoas saberem quando elas podem descer, onde tem água, como elas podem se locomover. E todas fazem isso na comunidade através do *Voz das Comunidades*, agora mais uma vez recebendo por *app* as informações de quem tá ou não com covid, como é que estão as comunidades etc. Essa é a força que o Rene trouxe, traz e vai continuar trazendo porque ele inspira outras pessoas a continuar esse projeto, essa ideia. Houve um casamento maior, e eu não falo só como jornalista da TV Globo, mas a mídia como um todo conseguiu dialogar melhor com as comunidades através de pessoas como o Rene. Na minha opinião isso foi fundamental. E nessa vontade de construir um lugar melhor, um lugar mais seguro, o *Voz das Comunidades* já se espalhou por mais de quinze comunidades só no Rio — e mais cinco pelo Brasil. Deve ser complexo olhar pra todas elas. E você acaba de dizer que falta de tudo um pouco dentro da favela. O que sobra dentro dessas comunidades que a gente ainda pode descobrir com sua ajuda e com a ajuda de quem tá nessa com você?

Tuítes do @vozdacomunidade publicados em novembro de 2010, durante a ocupação do Complexo do Alemão. [Imagens: Reprodução/ Twitter]

> **Voz das Comunidades**
> @vozdacomunidade
>
> A imprensa está de olho neste twitter, já vi vários sites com matérias falando sobre aqui! Cuidado como vcs falam nas matérias hein!!!
>
> 8:41 PM · Nov 27, 2010
>
> ♡   See Voz das Comunidades's other Tweets

> **Voz das Comunidades**
> @vozdacomunidade
>
> Muitooos tiros neste momento...tá complicadooo!!!
>
> 8:49 PM · Nov 27, 2010
>
> ♡ 1   46 people are Tweeting about this

> **Voz das Comunidades**
> @vozdacomunidade
>
> Que Deus nos proteja, tanto morador da comunidade, quanto os jornalistas de plantão na frente da comunidade e também nossa equipe! #Paz
>
> 9:06 PM · Nov 27, 2010
>
> ♡ 2   53 people are Tweeting about this

> **Voz das Comunidades**
> @vozdacomunidade
>
> Que isso? RedeTV News tá falando caô hein!!! A comunidade tem LUZ e ÁGUA sim!!! Eles estão confundindo com a VIla Cruzeiro #RT
>
> 9:15 PM · Nov 27, 2010
>
> ♡ 1   63 people are Tweeting about this

> **Voz das Comunidades** ✅
> @vozdacomunidade
>
> Intenso tiroteio agora!
>
> 9:52 PM · Nov 27, 2010
>
> ♡ 1   💬 50 people are Tweeting about this

> **Voz das Comunidades** ✅
> @vozdacomunidade
>
> Atenção!!! Entrevista agora com equipe do #Vozdacomunidade será entrevistada agora pelo "Programa do GUGU" na Record! Liguem ae !!!
>
> 3:52 PM · Nov 28, 2010
>
> ♡ 3   💬 73 people are Tweeting about this

> **Voz das Comunidades** ✅
> @vozdacomunidade
>
> 20:23 Helicopteros, caveirões, carros da policia circulam neste momento pelas comunidades do Conjunto de Favelas do Alemão #vozdacomunidade
>
> 8:24 PM · Nov 28, 2010
>
> ♡ 2   💬 56 people are Tweeting about this

> **Voz das Comunidades** ✅
> @vozdacomunidade
>
> Forças armadas assumem o Controle no Complexo do Alemão #Vozdacomunidade #PaznoRio
>
> 8:26 PM · Nov 28, 2010
>
> ♡ 2   💬 51 people are Tweeting about this

astridfontenelle @astridfontenell · Nov 28, 2010
Replying to @vozdacomunidade
@vozdacomunidade qts vcs são? Qts anos vcs tem?

Voz das Comunidades
@vozdacomunidade

@astridfontenell neste momento somente eu (@rene_silva_Rj) twittando! A equipe do Jornal é de 6 pessoas de 10 a 17 anos!

8:51 PM · Nov 28, 2010

♡ See Voz das Comunidades 's other Tweets

Voz das Comunidades
@vozdacomunidade

Acabei de confirmar num telefonema que moradores estão sem espancados, estao quebrando casas #vozdacomunidade

8:59 PM · Nov 28, 2010

♡ 4   💬 255 people are Tweeting about this

Voz das Comunidades
@vozdacomunidade

Chegamos a 20 mil seguidores, nem tinha percebido! Obrigado, é o resultado de tanto trabalho hje!

9:22 PM · Nov 28, 2010

♡ See Voz das Comunidades 's other Tweets

Voz das Comunidades
@vozdacomunidade

#Retweet! Todos estão sob forte tensão, foram dias dificeis! Torcemos pela Paz e que venham os dias melhores! #PaznoRio #Vozdacomunidade

9:30 PM · Nov 28, 2010

♡ 4   💬 144 people are Tweeting about this

RS: O que sobra dentro das favelas, em geral, é muito talento. A gente tem muitos talentos aqui dentro. É um nível absurdo. Se eu fizer uma revista, se eu fizer um jornal, pra falar só dos talentos das favelas, a grande mídia vai ter pauta o ano inteiro, o *Caldeirão do Huck* que se segure porque vai ter matéria pro ano inteiro. Nessa época agora de pandemia, a gente fez muita matéria com empreendedores, muitas matérias com talentos incríveis aqui dentro da favela — não só do Complexo do Alemão, de outras favelas também. Fizemos do Complexo da Maré, do Complexo da Penha, da Vila Kennedy, da Cidade de Deus. E todas essas matérias que a gente contou, elas resultaram em pautas pra outros veículos da grande mídia: emissoras de televisão fizeram matérias com esses personagens. Estamos dentro de um espaço onde a gente, melhor do que ninguém, conhece as pessoas. As pessoas têm acesso à gente. Por mais que agora a Globo, a Record, o SBT, todo mundo tenha WhatsApp, que pode dar uma proximidade do morador com a emissora, ainda assim tem um distanciamento muito grande. Então a gente acaba pautando pra muitas revistas, muitos jornais, e acaba servindo como uma agência de notícias das favelas, é uma agência que faz muita notícia, faz muita coisa, mostra muito a realidade. O que sobra muito nas favelas é talento.

A gente tem muito talento aqui dentro. A gente tem artista de circo, tem dançarino que mora fora, tem gente do balé que mora fora, a gente tem artista de tudo quanto é lugar. Outro dia eu fui fazer uma *live*, e a baterista da banda do cantor De la Cruz era daqui, do Complexo do Alemão, eu nem sabia. A gente tem muitos artistas, muitos talentos dentro da favela, e, em geral, esses talentos não têm a visibilidade que deveriam ter. Sobra talento dentro da favela e muitos talentos acabam se frustrando, principalmente por não ter alcançado sucesso, por não ter alcançado visibilidade. Isso na sociedade como um todo. Mas na favela acontece muito mais. Você tem destaque na favela, por exemplo, quando você vira jogador de futebol. Quando você vira cantora, como a Anitta, ou a Ludmilla. Você tem alguns artistas que vieram de favela ou de origem pobre e ganharam visibilidade. Mas quando você olha pra favela como um todo, você vê o tanto de talento, você vê a essência do marketing. Cara, quando eu olho pro comércio, pro empreendedor local... O cara nunca estudou marketing, o cara nunca fez uma faculdade, não sabe nem o que é ESPM (Escola Superior de Propaganda e Marketing), não sabe o que é nada disso. Mas o cara sabe fazer marketing pra vender como ninguém. Ele faz o marketing da necessidade: ele precisa vender e não sabe o que fazer, ele vai descobrindo maneiras de fazer aquele produto ser vendido. As favelas são um grande exemplo. É uma faculdade, eu posso dizer que é uma faculdade muito poderosa. Você tem gente de marketing, gente aqui que nasce marqueteiro. Você tem gente de todos os tipos aqui dentro, que tentam de alguma forma mudar a sua realidade e de alguma forma sobreviver. Se não mudam a realidade, ao menos tentam sobreviver. Por exemplo, se você pegar mais da metade desses *coaches* que cobram absurdamente caro e substituir por *coaches* da favela, com certeza você vai funcionar muito mais do que com esses que são formados em escolas de *coaching* e sei lá o quê da Zona Sul. A gente tem uma potência muito grande, mas ela não é visibilizada, infelizmente.

MF: Contundente essa visão de que a indústria criativa não celebra esses personagens de favela. Talvez esse seja um dos problemas pra essa indústria não se desenvolver no Brasil, porque ela ainda abafa seus próprios personagens. Contar a história das pessoas abre um debate interessante de como a indústria criativa gera um corte de desigualdade e invisibilidade, a partir do lugar em que você mora.

O futuro das favelas

MF: Fred, vamos falar sobre a história do Rio de Janeiro. Eu vou me permitir chamar você de Exu, tá, Rene? Exu é esse mensageiro dos mundos, de um mundo pro outro, que navega em vários mundos e vai buscando e criando. É um leva e traz da melhor qualidade. A história do Rio tá cheia de Exus que vêm das favelas, periferias, pobrezas. De Lima Barreto a Rene Silva, entre outros. A gente tem essas pessoas mesmo sem um sistema de cidadania que formasse, lapidasse essa construção de uma cidadania cívica. Por isso que Rene tem razão de dizer que a favela é uma faculdade, porque não existe faculdade sobre o que deveria existir, que esse civismo comunitário e experiências de vida e de projeto, como as do Rene, criam. O que tem o Rio de Janeiro, que apesar de tanta desigualdade, tanta agressão, tanta violação de direito... O Rio de Janeiro é uma combinação de desigualdade, violação de direitos — não basta ser desigual, tem que violar direitos —, de tanto represamento de conteúdo popular, por preconceito, racismo, manutenção de privilégios. Por que o Rio de Janeiro ainda consegue criar figuras tão poderosas como a do Rene? O que tem na nossa história, que você identificaria, que cria um sistema informal que, quando aparece uma pessoa como o Rene, já cria outras experiências, outras estratégias? Na tua visão, como historiador da cultura, do Brasil e do pensamento brasileiro, o que nós temos nessas vielas, nessa estrutura, que se criaram no Rio de Janeiro? Como é que a gente produz tanto Exu assim como o Rene?

FRED COELHO: Acompanho o trabalho do Rene há muito tempo. A primeira coisa pra falar é a relação direta com a tecnologia. Apropriar-se da tecnologia de um jeito totalmente por fora dos padrões que são esperados. Então vamos pensar o Rio de Janeiro, a formação dessa cidade moderna do final do século XIX, quando ela se torna capital da República e onde ocorre a Abolição e centenas de milhares de descendentes diretos de escravizados ou ex-escravizados ou libertos vivem nessa cidade sem nenhuma estrutura, sem nenhum aparato. E a gente sabe muito bem como foi essa história. Não de uma hora pra outra, mas durante um tempo, o que se fez com uma população de ampla maioria preta no Brasil, e no Rio de Janeiro especialmente, foi botar essas pessoas pro mundo sem formação, como você falou, sem direito à escolaridade. Sem direito à universidade, sem direito às vezes nem ao letramento. São pessoas que vieram formadas basicamente por uma prática do trabalho manual.

Eu sempre gosto de falar a respeito de uma história que seria uma mudança radical de narrativa sobre a história do

Brasil e da cultura no Brasil, que é o ano de 1917. Quando tem em São Paulo a exposição da Anita Malfatti, que é vista como uma espécie de mito de origem do Modernismo de São Paulo. No mesmo ano, no Rio de Janeiro, Donga grava "Pelo telefone" nas Casas Edison.[4] Eu sempre digo, é engraçado pensar que o Brasil é fundado enquanto cultura moderna por uma exposição de pintura a que devem ter ido trezentos pessoas no máximo. E o descendente de escravizado direto, fruto de uma complexidade social, da Cidade Nova, praça XI, que enfrenta a tecnologia de ponta da sua época, que era a gravação fonomecânica, que enfrenta a ideia de se assinar como autor, porque saca que a forma do músico ganhar dinheiro é por direitos autorais das partituras. Isso é considerado uma história menor. Então vamos pensar: "O que acontecia com essa população inteira que teve que viver do trabalho manual?"

Uma das formas do trabalho manual é o corpo. Tudo isso que vocês tavam discutindo, tudo isso que o Rene falou sobre as favelas agora, a fundação de uma indústria cultural no Rio de Janeiro passa obrigatoriamente por essa população. Foram atores do teatro de revista, do teatro popular, foram atores e trabalhadores de circo, que era — já que o Rene falou — uma diversão muito popular no Rio de Janeiro no início do século XX, que foram ser músicos, fundadores de bandas, bandas de bombeiros, bandas de barbeiros, que são a origem do chorinho no Rio de Janeiro. Foram pessoas que inventaram um sistema de celebrações, digamos assim, de diferentes tradições do Brasil que culminou com a ideia que a gente tem de Carnaval.

Se você pensar que em 1922, enquanto tava acontecendo em fevereiro a Semana de Arte Moderna em São Paulo, na mesma época, Os Oito Batutas, juntamente com Pixinguinha, tavam tocando nos cinemas aqui do Rio de Janeiro um tipo de música totalmente novo,[5] que os levou aos Estados Unidos e depois a Paris, onde eles conheceram Louis Armstrong, onde eles viraram uma banda conhecida mundialmente. E qual o peso disso no debate cultural brasileiro? Numa história da cultura brasileira? Zero. Porque é sempre posta de lado a ideia de que essas populações... A gente sabe desse preconceito estrutural no Brasil entre o trabalho manual e o trabalho intelectual, e como todas as populações que foram morar em favelas do Brasil, e no Rio mais especificamente, sempre ficaram vinculadas no imaginário a serem meros trabalhadores manuais. Isso que o Rene falou agora, da explosão de talentos que existe nas comunidades, é justamente por conta de uma, arrisco dizer, tradição que é ignorada pela historiografia em geral e pelo debate em cultura. Essas populações sempre se relacionaram de forma produtiva e criativa com a tecnologia. Donga, lá em 1917, já tava fazendo isso, o Pixinguinha, juntamente com Os Oito Batutas, tocava pro cinema, nas salas de cinema. Você tem que se apropriar dos meios que existem pra poder se diferenciar da opressão, da desigualdade, da violência.

Se a gente fizer um corte rápido, isso tem a ver com a história do Rene. O que me impressionou quando o Rene apareceu e eu conheci o trabalho dele, em 2010, por conta do Twitter, do Facebook e por conta de tudo que aconteceu, e do impacto da ocupação do Alemão,[6] o que me chamou a atenção de cara foi justamente a relação dele com o jornal e com a escrita. Um jovem que tinha vontade de se manifestar, já numa era de rede social, num meio que parece um pouco do passado pra geração dele, que é a produção de um jornal. Ele não se contentou — eu sei que tem a experiência da escola, da galera —, ele enfrentou isso. Se a gente pensar, as favelas no Rio de Janeiro são as que têm maior tradição em tecnologia, por exemplo, com as rádios comunitárias, que vieram a sofrer depois uma série de cerceamentos.[7] Se a gente pensar, se não tivesse essa relação totalmente aberta e voraz com a tecnologia, não existiria o funk carioca. O funk carioca é o maior exportador de pensamento contemporâneo na música de ponta mundial por conta de sua relação com a tecnologia. Então, essa história do Rio de Janeiro, ela é contada de um jeito que parece sempre que essas populações — a gente sabe disso — não ganham o devido destaque. São uma espécie de matéria-prima primitiva para seus mediadores. Enfim, é pouco Exu e muito Cavalo no Rio de Janeiro, digamos assim. [Risos] É muita gente que recebe o Exu, mas não dá o nome do santo.

A situação do Rio de Janeiro é uma história construída de um jeito que sempre fez essas populações ficarem num lugar menor, sendo convocadas apenas no momento em que elas eram necessárias pro mercado da cultura. Eu fico falando sempre da história do funk carioca, porque é exemplar. Quando a Globo, a Xuxa, botou o funk no centro, chamando DJ Marlboro pra ser o DJ do programa *Planeta Xuxa*, Bonde do Tigrão, aquilo virou uma febre durante uma época, mas o funk é uma força que não é domesticada. Ninguém vai dizer pro funkeiro que agora ele vai ter que parar de cantar proibidão ou vai ter que parar de falar de sexo. Tivemos agora o caso do Renan da Penha. É toda uma rede de preconceitos e medos e de violências que colocam as pessoas sempre nesse jogo de oposição.

Faustini me ensinou isso quando a gente começou a conversar muito tempo atrás. Aquela metáfora do Zuenir Ventura, da cidade partida.[8] A cidade só é partida pra quem tá na Zona Sul, que não tem que ir pro subúrbio. Porque pra quem tá no subúrbio, a cidade nunca foi partida, ela sempre foi um trânsito. Eu só digo isso tudo pra falar que a emergência de jovens como o Rene é a de uma geração que finalmente pode vir numa nova mídia, que é a rede social, mostrar que eles não só existem e não só pensam, como eles também — e foi a palavra que foi usada aqui — têm um poder na mão que é a percepção de que eles são um falando por muitos. Esse também é um jogo complexo hoje em dia, porque o mercado vai oferecer pra esses jovens a diferenciação pelo capital. É ser pinçado porque você é o cara que aparece, digamos assim.

O Rene pode ter vivido isso muitas vezes. Convites, situações que tentam colocar ele à parte de um projeto coletivo, porque ele é o rapaz representante disso tudo. Mas isso sempre foi feito. Se a gente pensar em tecnologia... o Fundo de Quintal, já que a gente tá falando da área do Rene, que é do Cacique de Ramos, o Fundo de Quintal inventou uma tecnologia de instrumentos que não se tocavam no samba. Não se tocava banjo. Eles também são conhecidos por terem feito um corte específico no repique. Na escola de samba Deixa Falar, do Estácio, que depois virou Estácio de Sá, os caras inventaram instrumentos de samba pra fazer um certo tipo de batida, tudo isso é tecnologia.

Agora a visão que se tem é sempre que essas populações descendentes da escravidão brasileira são populações que estão num lugar — a palavra já tá hoje em dia em outro campo semântico, digamos assim — do precário. A favela é a materialização disso na vida das pessoas, como o Rene falou. Se você mora numa favela, você supostamente não precisaria dos recursos da cidade, porque você já está num ciclo de precariedade histórico. Então é isso aí, se vira, dá um jeito de sair daí.

Outra coisa que eu queria falar é que quando eu tinha a coluna no jornal, eu escrevi uma coluna sobre o Rene, inspirado no trabalho dele, que me remeteu a um conto,inspirado no trabalho dele, que me remeteu a um conto, um dos textos do Luiz Ruffato, chamado "Crânio", no *Eles eram muitos cavalos*.[9] O conto é sobre um rapaz

— o Crânio — de uma favela de São Paulo cujo irmão é assaltante. Quem narra o conto é o irmão assaltante, que roubava livros do correio pra dar pro Crânio, e o Crânio vai virando uma referência na favela, porque — como o Faustini disse sobre o Rene — ele consegue entender como organizar as potências que tavam ali em jogo. Escrevi a coluna sobre o Rene, nessa época, por conta dessa situação que me lembra um outro personagem. Você falou do Lima Barreto, que também passa pelo jornal, que também tem um tipo de intervenção na cidade supercomplexo pela origem social dele, por tudo. O Rene me lembra muito, por sua trajetória, a Carolina Maria de Jesus, que em 1958, morando na favela do Canindé, em São Paulo, escreve e os textos são incríveis. Em *Quarto de despejo*,[10] ela diz que a única força que ela tinha era a escrita. E isso ameaçava as pessoas — no bom sentido. Quando alguém começava a reclamar por que ela escrevia naquele caderno: "Não reclama, não, que eu vou te botar aqui no meu livro, no meu diário." Eu fiquei pensando e tenho duas perguntas pro Rene. Uma pergunta que vai se desdobrar em outra. Primeiro, eu tenho curiosidade de saber se nesse trabalho virtuoso, comunitário, cada vez mais ampliado das novas gerações, se ele também se confrontou com situações da própria comunidade colocando o trabalho dele em xeque? Meio que... "O que você tá querendo com esse trabalho?" Ou se isso nunca aconteceu. E a outra pergunta é — aí pra você pensar, ficar em aberto: uma das múltiplas crises brasileiras atuais é a ideia de futuro. São gerações hoje em dia que não estão mais olhando pro futuro como o século XX inteiro que o Brasil produziu, que era sempre uma projeção utópica de que, como se dizia em 2013, "Amanhã vai ser maior!". Eu queria saber de você, Rene, da sua cabeça: Como você vê a sua geração, o que você pensa, ou como você enxerga uma ideia de futuro pro Brasil e pras comunidades em geral nesse momento?

RS: O nosso futuro, a gente sempre fala isso, o nosso futuro vai depender do que a gente tá construindo agora, no presente. A gente tá construindo muita coisa positiva. A juventude, principalmente, tem contribuído muito. A gente tem inspirado muita gente. Eu, hoje, quando vejo um jovem de Salvador, que é o Jeferson, fazendo um jornal dentro da comunidade dele porque viu o *Voz das Comunidades* aqui no Rio de Janeiro; um outro jovem, de São Paulo, o Cesar Gouveia, fazendo um jornal dentro da favela dele, na Vila Prudente; eu começo a enxergar um cara lá no Sol Nascente, em Brasília, fazendo um jornal comunitário; consigo ver uma menina em Porto Alegre, na Vila Gaúcha, fazendo um jornal comunitário, vejo que a gente consegue de alguma forma motivar e inspirar outros jovens. E a gente não tá falando de futuro, a gente tá falando de presente. Já tá acontecendo muita coisa. A revolução que a gente tanto sonha, que a gente tanto almeja, ela já tá acontecendo de várias formas possíveis. Tanto que hoje, quando eu vou numa escola pra fazer uma palestra, eu vejo jovens que dizem: "Eu sempre sonhei em ser alguma coisa, mas minha mãe fala pra eu não sonhar isso." O próprio professor acaba não motivando tanto porque você vive numa realidade onde não pode sonhar muito. Não dá pra ficar pensando muita coisa. Eu fiz uma palestra numa escola aqui no Alemão mesmo, em que o aluno falou: "Meu sonho é ser dublador." Aí eu falei: "Dublador?" "É, eu sempre quis ser dublador." E ele começou a fazer várias vozes, de desenho, de várias coisas. Eu falei :"Você já é um dublador. Você precisa fazer um curso, alguma coisa pra conseguir um emprego. Hoje em dia nem tanto, muitas vezes você consegue pelo conhecimento, pelo *know-how*, mas você já é um dublador." "Ah, não, mas é porque minha mãe falou que é muito difícil. Meu pai é pedreiro, minha mãe é empregada doméstica." A gente já tá vivendo uma geração que é mais atualizada, uma geração que tem mais acesso à tecnologia, que tem mais acesso à novidade, que tem mais acesso ao mundo.

Hoje em dia você não precisa viajar pra conhecer a Índia. Você não precisa viajar pra conhecer a Europa. Você vai no YouTube e vê milhões de vídeos. Tem criança, por exemplo, o sobrinho de um dos voluntários do *Voz*, que assiste a vídeos no YouTube em inglês, e ele não quer assistir a vídeo em português, ele quer assistir a vídeo em inglês. Ele é criança e tá aprendendo ainda a ser alfabetizado em português, mas já tá assistindo em inglês. Hoje, com as possibilidades que a gente tem de se reinventar, já estamos fazendo um futuro. O futuro é agora. Muita coisa tá acontecendo nessa revolução. Tenho visto muitas novas caras na comunicação comunitária, muitas novas caras no ativismo, muita gente que surgiu. Porque a gente tem uma galera que sempre foi ativista e aí entrou na internet e tem uma galera que surgiu como ativista na internet, você tem uma diferença muito grande. Gente que já tá aí na militância, que já foi isso, que já foi aquilo e entrou pra internet e talvez nem tenha conseguido a visibilidade e notoriedade que uma pessoa que surgiu ali na internet como ativista conseguiu. A gente já tá vivendo esse futuro, esse presente, já é uma revolução muito grande.

A gente tá vendo uma evolução em vários espaços, em vários lugares. Espaços e pessoas a que a gente não tinha acesso e hoje a gente tem. Eu nunca imaginei — e eu uso muito o Twitter, amo usar o Twitter — que eu pudesse um dia conhecer o criador do Twitter — o Jack Dorsey, quiçá que ele pudesse me seguir e comentasse a minha publicação, curtisse a minha publicação. Hoje a gente tem acesso a pessoas que, antes da tecnologia, a gente nunca imaginaria ter. Quando que eu ia conhecer um bilionário e ter contato com um bilionário? Conhecer pessoalmente, encontrar pessoalmente algumas vezes. Quando a gente fala do futuro do nosso país, o futuro das favelas em geral, mas tem muita coisa que já tá acontecendo agora, que já tá efervescendo. E nesse momento de pandemia, eu vi isso ainda maior, porque muita gente que já fazia trabalhos tá podendo agora consolidar suas ações.

Lidar com a crítica

MF: E sobre a crítica da comunidade, Rene? Fred também te perguntou sobre já ter recebido críticas da comunidade. Eu lembro de um episódio... Você tá sempre mediando, é interessante isso. Parte do seu trabalho é se esclarecer na internet. Eu já vi algumas vezes você fazendo isso.

RS: É, o trabalho que eu faço é de muita exposição. Porque muitas das vezes — eu vou falar uma verdade aqui —, muitas vezes, as pessoas que moram aqui dentro, no Complexo do Alemão, mesmo eu rodando por aqui e indo em vários lugares, me conhece porque me viu no RJ TV, porque me vê na televisão, porque vê o jornal, porque tá nos grupos de WhatsApp, porque tá nisso, tá naquilo. Tem muita gente que, mesmo eu sendo a pessoa mais acessível possível, não chega até mim. Eu recebo muitas críticas em vários espaços e eu enxergo de uma maneira que é a seguinte: quanto maior o seu alcance, quanto maior a sua visibilidade, quanto maior são as suas ações, maiores serão as críticas.

Quando eu era pequeno, lá no início, quando eu não tinha nada e tava ali, tentando fazer as coisinhas pequenas, tinha críticas, mas eram muito pequenas e muito poucas. Agora, conforme o jornal foi crescendo, conforme os projetos foram crescendo, as críticas foram aumentando. Antes, a gente distribuía mil chocolates, e tínhamos cinco, seis pessoas reclamando porque não ganharam chocolate na Páscoa. Hoje a gente distribui 10 mil chocolates e a gente tem, tipo, cem pessoas reclamando que não receberam. [Risos] Então quanto maior a sua doação, sua colaboração, maior a crítica. Na nossa ação de Natal, o máximo que conseguimos distribuir foram seiscentas cestas básicas. Hoje, com o gabinete de crise do Alemão, a gente tá distribuindo cerca de 5 mil cestas básicas por mês! E ainda assim tem gente que critica, que comenta. Isso é normal. Isso acontece o tempo inteiro. Então o que a gente precisa é entender — e pra isso a gente precisa trabalhar nossa cabeça, nossa mente — é que quanto maior a sua visibilidade, o seu sucesso, o que você já faz, mais isso vai crescer também junto com as críticas, sejam elas de moradores ou não. Você tem gente aqui dentro, por exemplo, bolsonarista, que é totalmente contra o trabalho que o *Voz* faz, que acha assistencialista. A gente tem críticas de todos os espaços, inclusive de moradores também.

MF: Você tá preparado pra essa complexidade a que você se refere. A vida é mais complexa. A apropriação da tecnologia por essa geração do Rene alerta a gente pra isso. Ela cria um novo baralho, bota mais gente na cena, bota diferentes centralidades na cena. Tem um novo mundo mental das favelas sendo criado a partir do uso da tecnologia, do mundo digital. Talvez tenha chegado ao fim o tempo dos mediadores nesse universo, Fred. É um alerta importante que esse Exu faz pra gente nessa resposta e é bem interessante.

A comunicação comunitária no cerne

MF: Passamos agora para aquela rodada de perguntas livres, provocativas — e respostas rápidas. Rene, você vai ser prefeito do Rio? [Risos] A gente vai ver o morador de favela na prefeitura? Você pensa nisso?

RS: Não penso. Acho que eu tenho um papel. Muita gente me pergunta se eu vou entrar pra política, se quero ser vereador, prefeito, eu falo: "Cara, eu sempre penso na comunicação comunitária." Estando num cargo público, seja ele qual for, tudo que eu faço, obviamente, seria muito mais fácil: colocar meus pensamentos em prática, as soluções de cobranças que eu venho fazendo às autoridades. Mas, por outro lado, acho que meu papel enquanto comunicador é um papel político, mas não é um papel político-partidário, nem de cargo político. Acho muito difícil as pessoas não se corromperem, as ameaças que sofrem são reais, penso muito sobre isso. Muita gente me faz inúmeros convites, moradores mesmo falam: "Eu voto em você, se candidata." A gente precisa de uma representação, mas eu fico pensando que essa representação muitas das vezes pode não vir. É muito complexo quando você fala de estar na política. Eu tenho medo de decepcionar as pessoas e não ser o que as pessoas imaginavam. Chegando lá é muito difícil fazer com que o sistema mude, com que as coisas mudem.

Gerir crises

FC: Rene, você acabou de falar sobre seu pé atrás e sua relação com a política institucional, e seu projeto levou você pro mundo, você ganhou prêmios internacionais, teve relação com o British Council, com a Fundação Ford, com a Unesco. Você já criou relações com grandes artistas, conseguiu levar muitas coisas pro Alemão. Ao mesmo tempo, vejo na sua fala que o governo, o Estado, a coisa pública em si, é de uma ausência absoluta, justamente porque você luta por conta da ausência desse poder. Queria que você falasse um pouco como é esse mundo onde tem muito mais relação de apoio e entendimento do mercado privado e dos meios internacionais do que da própria cidade em que você vive. Como se você tivesse que resolver os problemas locais olhando pro mundo e não pra Cinelândia, digamos assim.

RS: Olhando pra isso tudo, penso que o poder público poderia tá fazendo muito mais do que eles fazem. Poderia tá contribuindo muito mais do que contribui. Hoje, quando eu tava fazendo as entregas das cestas, eu falei: "Gente, nós somos voluntários, nós estamos aqui fazendo isso de graça." Pensei com minha cabeça, né? "E olha a logística que a gente montou." Como as pessoas que recebem milhões não conseguem montar uma logística pra essas e outras pessoas que recebem milhares de reais pra ajudar as pessoas da comunidade? A cesta básica da prefeitura demorou três meses pra chegar à casa das pessoas e chegou num lugar, na associação de moradores, e chegou de uma maneira que as pessoas ainda estão sem acreditar. Três meses pra chegar cesta básica, e a cesta básica era muito básica: 1 quilo de arroz, 1 quilo de feijão, 1 quilo de sal, 1 quilo de açúcar, 1 quilo de café e 1 lata de óleo. Então você tem um trabalho do gabinete de crise do Complexo do Alemão, que gastou muito menos do que a prefeitura, do que o Estado, e está fazendo entrega de um kit com 35 quilos de alimento. São 10 quilos de arroz, 8 quilos de feijão, tem fubá, farinha, leite, tem tudo que você imagina pruma cesta básica durar um mês pruma família de cinco, seis pessoas. Como a gente vai pensar que esse governo, com essas pessoas que estão na política, pode ser a solução se demoram três meses pra entregar uma cesta básica com 5 quilos de alimento? Enquanto desde a primeira semana de pandemia, nós aqui conseguimos nos mobilizar rapidamente pra conseguir doações, voluntários pra fazer uma ação. Eu ativei a notificação do Picpay, tô aqui conversando com vocês e toda hora sobe uma notificação, a gente tá recebendo doações pro projeto. Além dos moradores não estarem recebendo cesta básica do governo e da prefeitura, auxílio emergencial não é pra todo mundo. Não é todo mundo que tem acesso a computador, à tecnologia, a celular, não é todo mundo que tem documento de identidade. A gente vai fazer o cadastro das pessoas pra receber a cesta básica e tem gente que não tem documento, não tem identidade, não tem nada. É muito complexo quando se fala da realidade da favela. Nós temos vereadores, temos hoje deputados que são de origem da favela e que conhecem muito bem a realidade da favela, e mesmo assim não conseguem ainda contribuir pra essa mudança social que a gente tanto tá falando.

PS: Este ano, em novembro, completaremos 10 anos daquela "tentativa" de pacificar o Alemão, de entrar com algo a mais nessas UPPs,[11] além do fuzil — que foi o único que entrou, todo o resto não veio. Você e seu irmão Renato tão aí desde o início disso tudo, tentando mudar alguma coisa, tentando mudar essa realidade especificamente do Alemão. O que mudou de fato nesses 10 anos, Rene?

RS: Muita coisa mudou em 10 anos desde a pacificação, depois daquilo tudo que aconteceu. A gente tem o Complexo do Alemão com uma visibilidade muito mais positiva do que negativa. Por exemplo, a história da Tuany Nascimento,[12] do balé, que vai ser reprisada amanhã no *Caldeirão do Huck*. Quando você tem a história do Bruno Itan.[13] Quando você tem a favela que mais foi visitada por presidentes da República — porque o presidente Lula e a presidenta Dilma vieram no Complexo do Alemão três vezes durante seus mandatos, você consegue mostrar uma outra favela, um outro espaço. E ao mesmo tempo a gente precisa conviver com todas essas complexidades, com todos esses problemas sociais. Mas eu vejo que a gente teve muitos avanços.

Não vou falar que passaram 10 anos e nada mudou. A gente teve muitos avanços, muitas coisas melhoraram. O *Voz das Comunidades* cresceu, se expandiu muito, tanto dentro quanto pra outras favelas. A grande mídia, a maneira como se vê e a maneira como se fala da favela, mudou. Muita coisa mudou desses anos pra cá. Muitos problemas sociais foram resolvidos, não vou enumerar agora, mas muita coisa mudou.

A comunidade como um todo tem mais consciência dos seus direitos, de reivindicar, de cobrar. Quando a menina Ágatha morreu,[14] no dia seguinte tava toda a comunidade protestando, reivindicando, pessoas ativistas ou não, moradores em geral, pessoas comuns. E é muito legítimo quando se tem a participação de moradores comuns. Porque quando você tem a participação de ativistas, que são de ONGs, que participam de algum movimento social, é uma coisa. Agora, quando você tem a participação do morador comum — morador comum que eu falo é aquele que não é envolvido com nada, que a gente não conhece, mas que tá ali, lutando junto também — a gente vê que nosso objetivo foi alcançado. A gente teve uma mudança grande nesses 10 anos em relação a comportamento na comunidade. Por exemplo, quando a gente começou a fazer a campanha contra o coronavírus aqui dentro pras pessoas se prevenirem, muita gente já no primeiro momento começou a ficar em casa, usar máscara, se proteger. Hoje a gente pode entender quão grande é essa credibilidade que a gente construiu.

FC: Eu tenho uma última pergunta pra ele: Anitta ou Ludmilla, Rene? [Risos]

RS: Ludmilla! Mentira, eu adoro a história das duas, as duas mulheres são incríveis. Vieram da favela e por mais que tenham muitas críticas — e por mais que tenham muitas críticas em relação a Anitta, foi aquilo que eu falei: quanto maior você for, maior o número de críticas vai ter. A Anitta só é muito criticada e apedrejada principalmente pela visibilidade que ela tem. A Anitta é muito mais visível no mundo como um todo do que a Ludmilla; logo, a Anitta vai ter muito mais pedras na árvore dela. Mas vejo as duas como grandes potências da favela e são exemplos de histórias não só da música, mas de vitórias, de empreendedorismo. Porque a Anitta se autoempresaria. A Ludmilla tem outros negócios, de cabelo, de peruca. Então a gente mostra que é possível, a galera da favela mostra que é possível a gente fazer e vencer. É isso.

MF: Diz um tuíte que você ainda não fez e gostaria de fazer. Que que você ainda não tuitou e gostaria de tuitar?

RS: Muito difícil, porque eu escrevo sobre tudo o dia inteiro. [Risos] Mas eu gostaria muito de tuitar, por exemplo, que a gente conseguiu vencer muitos problemas sociais, que a gente conseguiu reivindicar e trazer muitas melhorias pra dentro da favela. As pessoas precisam ter acesso, antes de mais nada. Hoje, quando se fala de educação, a gente até tem acesso, mas não à educação de qualidade. A gente tem acesso à saúde, mas não de qualidade. Temos acessos a muitas coisas, mas falta qualidade a esses serviços. Cultura, nem se fala! A gente não tem acesso à cultura que a elite tem. Muita gente da favela nunca foi ao teatro. Minha mãe, minha família inteira, só foi no teatro porque eu levei depois de muito velho. O circo e outros diversos espaços da sociedade a gente só vai porque alguém leva. Porque de fato tem gente que nasceu aqui, vai morrer aqui e nem à praia sequer vai.

PS: Eu não acreditava muito nisso, mas eu vi isso acontecer naquele documentário. Eu vi isso acontecer diante de mim quando a gente foi ao museu levando aquelas crianças todas, e era a primeira vez que a criançada entrava no museu. Isso é muito transformador, pessoalmente falando. Posso dizer que eu conheço um pouco mais da cidade graças ao que você me apresentou naquele tempo.

FC: Isso é trágico. Eu cresci até os 10 anos ali na Penha. Minha vó morava na rua Antônio Rego, um dos acessos do Alemão. Meu tio mora em Higienópolis. Cresci nessa região que o Rene mora. E quando eu era criança tinha dois grandes cinemas, um em Olaria e outro em Ramos. E acabaram. E não existia uma livraria, teatro não existia. Você tinha o parque, o Ary Barroso. De alguma forma são as contradições, como o Rene tava falando. Hoje em dia você tem lá uma arena, a Arena Dicró, na Penha, e você não tem mais cinema de rua. Você só tem shopping. E você vê pra onde caminha uma ideia de mercado. Eu fico impressionado com a burrice das pessoas que investem nisso no Rio de Janeiro e não percebem que abrir uma livraria no Méier, abrir uma livraria na praça das Nações, em Bonsucesso... O que aconteceria com uma livraria dessas? O Faustini também fala isso muito bem no *Guia afetivo da periferia*.[15] Como que, pra acessar essas coisas, se não for uma iniciativa própria, um deslocamento seu, um encontro, já que você falou de Exu, de uma encruzilhada, de uma coisa que a vida te coloca, você não vai fazer isso, não vai.

MF: Excelente. Quanta maturidade pra lidar com tanta complexidade. Esse sujeito que você inventou, Rene, essa ação, de estar no meio da questão, do problema do Rio de Janeiro , é muito profudo e bacana o que você ta fazendo. Eu fico muito inspirado toda vez que te escuto. Se o Rene não perde essa energia, como eu vou ter direito de perder? Obrigado por confiar e partilhar aqui conosco.

PS: Tem que estudar esse menino, ele não é normal. [Risos]

RS: Muito obrigado, vocês são incríveis.

NOTAS

1. O jornal *Voz das Comunidades* foi criado em 2005, quando Rene Silva tinha apenas 11 anos. Hoje, Rene Silva segue como editor-chefe do jornal.

2. Faustini se refere a Jair Bolsonaro e Rodrigo Maia, respectivamente, presidentes da República e da Câmara dos Deputados, em 2020.

3. Série documental do *RJ TV* em cinco episódios que apresenta a realidade dos complexos do Alemão e da Penha, através de imagens inéditas da ocupação por policiais civis e militares em 2010 e depoimentos de moradores, autoridades e líderes comunitários.

4. "Pelo telefone" é considerado o primeiro samba gravado no Brasil. A composição teria surgido numa reunião na casa de Tia Ciata, onde também estavam Donga, João da Baiana, Pixinguinha e Mauro de Almeida, entre outros. A partitura foi registrada por Ernesto dos Santos, o Donga, em novembro de 1916, na Biblioteca Nacional. No início de 1917 o compacto foi gravado nas Casas Edison para ser lançado no Carnaval do mesmo ano.

5. Os Oito Batutas foi o primeiro grupo de música popular brasileira a alcançar projeção internacional. Era formado por Donga e Pixinguinha, entre outros músicos. Seu repertório incluía choros, maxixes, canções sertanejas, batuques e cateretês. Formado a partir do convite de Isaac Frankel, gerente do Cinema Palais, no Rio de Janeiro, que após assistir a uma apresentação organizada por Donga e Pixinguinha no Carnaval

de 1919, teria pedido que montassem uma pequena orquestra para apresentações regulares no cinema.

6. Em 25 de novembro de 2010, começou uma operação pela pacificação do Complexo do Alemão com a implementação de UPPs (Unidade de Polícia Pacificadora) na região. Envolvendo mais de 2.700 policiais civis e militares, juntamente com o Batalhão de Operações Policiais Especiais (Bope), a Força Nacional, a Coordenadoria de Recursos Especiais (Core) e as Forças Armadas, o propósito da operação não era o enfrentamento ou a prisão dos integrantes de um poder paralelo, mas a recuperação do território pelo Estado. As cenas vistas na Tv e na internet, filmadas de helicóptero, dos bandidos fugindo à pé correndo pelo mato, alguns descalsos, sem camisa ou de chinelos, tornaram-se emblemáticas do episódio.

7. Atualmente, há 4,6 mil rádios comunitárias em operação no país, porém a lei que veda a veiculação de publicidade e propaganda viola diversos preceitos constitucionais e inviabiliza financeiramente a atividade, já que não recebem incentivos fiscais nem verbas públicas.

8. *Cidade partida*, publicado em 1994 pela Companhia das Letras, é o relato do autor sobre os conflitos nas comunidades de Vigário Geral no ano de 1993. E foi vencedor do Prêmio Jabuti de Melhor Reportagem em 1995. O termo disseminado por Ventura se tornou, durante os anos 1990, uma expressão definidora da divisão entre morro/favela e asfalto.

9. Ruffato, Luiz. *Eles eram muitos cavalos.* São Paulo: Boitempo, 2001.

10. de Jesus, Carolina Maria. *Quarto de despejo.* Rio de Janeiro: Francisco Alves, 1960.

11. As UPPs, Unidades de Polícia Pacificadora, foram implementadas pelo governo do Rio de Janeiro, em 2008, com o objetivo de combater e desarticular o crime organizado e o tráfico de drogas nas favelas do estado. O projeto original consistia em ocupar os territórios sem violência para, em seguida, entrar com os serviços públicos regulares, com o intuito de urbanizar e trazer o bem social a essas comunidades. A segunda etapa do projeto nunca se realizou e a primeira foi rapidamente se desconstruindo com o tempo.

12. Bailarina e professora de dança, idealizadora do projeto Na Ponta dos Pés, uma escola de balé gratuita no Morro do Adeus.

13. Fotógrafo e morador do Complexo do Alemão, suas fotos captam cenas do cotidiano e paisagens da favela.

14. Ágatha Félix, de 8 anos, foi atingida por uma bala perdida quando estava dentro de uma Kombi com a mãe, em setembro de 2019, na Fazendinha, no Complexo do Alemão. Moradores dizem que não havia confronto quando o policial militar efetuou o disparo.

15. Faustini, Marcus. *Guia afetivo da periferia.* Rio de Janeiro: Aeroplano, 2009.

SOBRE O ORGANIZADOR

Marcus Faustini é carioca, cria do Cesarão, em Santa Cruz, Rio de Janeiro. Sua sede por cultura motivou, desde cedo, seus constantes trânsitos e deslocamentos pela cidade do Rio de Janeiro, que resultaram no livro *Guia afetivo da periferia* (Aeroplano, 2009), em que narra suas memórias de juventude na periferia carioca. Bacharel em Teatro pela CAL, Faustini é também cineasta e criador da Agência de Redes para a Juventude, uma metodologia que desenvolve lideranças jovens de periferias do Rio e da Inglaterra com o objetivo de criarem projetos que impactem seus territórios. Com a coleção Cabeças da Periferia, Faustini se debruça sobre a produção de artistas-ativistas vindos de periferia e favela, e busca debater com eles suas criações, seu universo e seus territórios de atuação.

SOBRE OS COMENTADORES

Paulo Sampaio é carioca, nascido em Botafogo e criado na Baixada Fluminense. É jornalista da TV Globo, onde é editor especial e dirige programas para o Globo Repórter. Começou a carreira em telejornais locais do Rio de Janeiro, onde dirigiu o documentário *Complexo*, sobre a ocupação das UPPs nos complexos do Alemão e da Penha, para o *RJTV* 1ª Edição, ocasião em que conheceu Rene Silva.

Fred Coelho é historiador, pesquisador, ensaísta e professor de Literatura Brasileira e Artes Cênicas da PUC-Rio. Manteve uma coluna no jornal *O Globo* de 2015 a 2018, em que um de seus artigos foi dedicado a Rene Silva. É autor dos livros *Eu, brasileiro, confesso minha culpa e meu pecado — cultura marginal no Brasil dos anos 1960/1970* (Civilização Brasileira, 2010) e *Livro ou Livro-me: Os escritos babilônicos de Hélio Oiticica* (EdUERJ, 2010).

Isabel Diegues é diretora editorial da Cobogó. Formada em Letras pela Pontifícia Universidade Católica do Rio de Janeiro, atuou como roteirista, produtora e diretora de cinema. É a idealizadora da coleção Cabeças da Periferia. Em 2016, lançou o livro *Diário de uma digressão (Uma viagem ao sertão do Piauí da Serra das Confusões até o mar)* (Editora Cobogó), parte do Projeto Piauí, viagem que resultou em uma exposição de mesmo nome. Em 2017, lançou *Arte brasileira para crianças*, livro de atividades e brincadeiras a partir de artistas brasileiros, escrito com Mini Kert, Priscila Lopes e Márcia Fortes.

CIP-BRASIL. CATALOGAÇÃO NA PUBLICAÇÃO
SINDICATO NACIONAL DOS EDITORES DE LIVROS, RJ

S583r

Silva, Rene

Rene Silva, ativismo digital e ação comunitária / Rene Silva ; organização Marcus Faustini ; comentadores Paulo Sampaio, Fred Coelho, Isabel Diegues. - 1. ed. - Rio de Janeiro : Cobogó, 2020.

88 p. ; 19 cm. (Cabeças da periferia)

ISBN 978-65-5691-009-3

1. Silva, Rene - Entrevistas. 2. Ativistas comunitários. 3. Favelas - Rio de Janeiro (RJ). 4. Comunicação no desenvolvimento da comunidade. I. Faustini, Marcus. II. Sampaio, Paulo. III. Coelho, Fred. IV. Diegues, Isabel. V. Título. VI. Série.

20-66862   CDD: 302.2098153
             CDU: 316.77(815.3)

Camila Donis Hartmann - Bibliotecária - CRB-7/6472

Nesta edição, foi respeitado o Acordo Ortográfico da Língua Portuguesa de 1990, que entrou em vigor no Brasil em 2009.

Todos os direitos em língua portuguesa reservados à
Editora de Livros Cobogó Ltda.
Rua Jardim Botânico, 635/406
Rio de Janeiro — RJ — 22470-050
www.cobogo.com.br

© Editora de Livros Cobogó, 2020

Editora-chefe
Isabel Diegues

Editora
Aïcha Barat

Gerente de produção
Melina Bial

Revisão final
Eduardo Carneiro

Projeto gráfico de
miolo e diagramação
Mari Taboada

Fotografia p. 8
Bruno Itan

Capa
Leticia Quintilhano

Imagem de capa
Maxwell Alexandre, *Bilionário escuro*, da série *Pardo é papel*, 2018

Coleção Cabeças da Periferia

Cabeças da periferia: Taísa Machado, o Afrofunk e a Ciência do Rebolado

Cabeças da periferia: Jessé Andarilho, a escrita, a cultura e o território

Cabeças da periferia: Rene Silva, ativismo digital e ação comunitária

2020

1ª impressão

Este livro foi composto em Chaparral Pro.
Impresso pela Gráfica Formato 3 sobre papel offset 75g/m².